Glück
braucht offene Türen

Glück braucht offene Türen

Hundert Worte über das Glück

Herausgegeben
von Wilhelm Mühs

VERLAG NEUE STADT
MÜNCHEN · ZÜRICH · WIEN

Glück – wer sehnt sich nicht danach? Das Verlangen nach Glück ist so alt wie die Menschheit. Doch worin das Glück besteht, darüber gab es und gibt es die unterschiedlichsten Auffassungen.
Glück läßt sich nicht definieren, noch gibt es eine Gebrauchsanweisung dafür, wie man es erreichen kann.
Gleichwohl gibt es so etwas wie Türen zum Glück, die geöffnet werden wollen, um seinem Geheimnis auf die Spur zu kommen.
Die in diesem Band zusammengetragenen Weisheiten und Beobachtungen gleichen einer bunten Collage aus großen und kleinen Türen, aus Portalen und Hintertürchen zum Glück: hundert Anregungen, die eine oder andere einmal selbst zu öffnen.

Wilhelm Mühs

Das Glück
kommt zu denen,
die es erwarten.
Nur müssen sie
die Tür auch offenhalten.

Thomas Mann

Das Glück

ist wie ein Schmetterling:

Läufst du hinter ihm her,

wirst du es nie einfangen.

Setzt du dich ruhig hin,

kann es kommen

und sich auf dir niederlassen.

Nathaniel Hawthorne

Das Geheimnis des Glücks?

Bewundern,

ohne zu verlangen.

Francis H. Bradley

Das Glück
verliert an Glanz,
wenn es
nicht mehr als Gnade,
sondern als Anspruch
verstanden wird,
den wir einzutreiben haben.

Eugen Gürster

Das Glück

besteht vielleicht

im Staunenkönnen.

Henri Duvernois

Das Herz des Menschen
verändert sein Gesicht
und macht es
heiter oder traurig.
Zeichen des glücklichen Herzens
ist ein frohes Gesicht.

Aus dem Buch Jesus Sirach

Jeder glückliche Mensch
ist schön.

Aus Irland

Glücklichsein
folgt der Einfachheit.

Aus Irland

Mit dem Glück ist es
wie mit der Wahrheit:
man hat sie nicht,
man ist in ihr.

Theodor W. Adorno

Das Geheimnis des Glücks?
An die denken,
denen es schlechter geht!
Da soll es doch Leute geben,
die nicht einmal
einen eigenen Chauffeur haben!

Wilhelm Mühs

Des Menschen Glück
besteht nicht darin,
in den Besitz
irgendeiner Sache zu kommen,
sondern darin,
mit seinem ganzen Selbst
dem Platz zu machen,
was größer ist als man selbst.

Rabindranath Tagore

Das schönste Glück
des denkenden Menschen ist,
das Erforschliche
erforscht zu haben
und das Unerforschliche
ruhig zu verehren.

Johann Wolfgang von Goethe

Das Glück
ist manchmal
auch ein Augenblick
der Stille.

Roland Leonhardt

Daß die Menschen
unglücklich sind,
hat nur eine Wurzel:
Sie können
nicht still
in einem Zimmer sein.

Blaise Pascal

Glück erlangt man nicht,
indem man angestrengt
nach ihm sucht.
Vielmehr kommt es
ganz überraschend
dem entgegen,
der sich bemüht,
die anderen glücklich zu machen.

Fulton J. Sheen

Glück stellt sich nur ein,

wenn wir

keine Bedingungen stellen.

Arthur Rubinstein

Wenn das Glück
uns entgegenkommt,
trägt es fast nie
das Gewand,
in dem wir es
erwarteten.

Madame Amiel-Lapeyre

Das beste Mittel,
das Glück zu verpassen,
besteht darin,
es zu suchen.
Es ist nicht
das Ziel des Lebens,
sondern ein Nebenprodukt.

Paul Claudel

Das wahre Glück
kostet wenig.
Wenn's teuer ist,
ist es um seine Qualität
nicht gut bestellt.

François-René de Chateaubriand

Glück wird nicht
nach seiner Dauer gemessen,
sondern nach seiner Intensität.

Carl Sansburg

Viele Menschen wissen,
daß sie unglücklich sind,
aber noch mehr Menschen
wissen nicht,
daß sie glücklich sein könnten.

Albert Schweitzer

Glück

ist eine Art zu sehen.

Ugo Ojetti

Ärgere dich nicht darüber,
daß der Rosenstrauch
Dornen hat,
sondern freue dich,
daß der Dornenstrauch
Rosen trägt.
So kommst du
dem Glück auf die Spur.

Arabische Weisheit

Beim Anblick
eines entblätterten Winterbaums
an den kommenden Frühling
denken;
die Dinge
im großen Zusammenhang
eines Werdens betrachten,
das ist das Geheimnis
eines glücklichen Menschen.

John M. Smith

Glücklichsein
ist etwas ganz anderes
als Erfolg oder Glück-Haben.
Es besteht aus
glücklichen Augenblicken,
in denen das Herz
einem Menschen
oder einer Sache
zulächelt.

Julija Voznesenskaja

In jeder Lage
kann man glücklich sein.

Napoleon I.

An einem
offenen Paradiesgärtchen
geht der Mensch
gleichgültig vorbei
und wird erst traurig,
wenn es verschlossen ist.

Gottfried Keller

Manch einer schätzt sich glücklich, weil er eine gute Ehe eingegangen ist, weil er eine Erbschaft gemacht hat, im Luxus lebt und sich Vergnügungen leisten kann. Doch früher oder später verspürt auch er unweigerlich eine innere Leere.

Wenn hingegen jemand, dem das Leben alles zu versagen scheint, liebt, besitzt er mehr als ein Reicher. Schon auf Erden kann er etwas von der Fülle des Himmels erfahren.

Chiara Lubich

Nicht die Art des Schicksals,
sondern die Weise,
ihm zu begegnen,
entscheidet
über das Lebensglück.

Erich Fromm

So seltsam es klingen mag: Für das Glück können wir uns jeden Tag entscheiden. Zwei Menschen kann das gleiche Unglück treffen, und doch können sie ganz verschieden darauf reagieren. Der eine ist verzweifelt und am Boden zerstört. Der andere versucht dem Unglück – ohne es zu verharmlosen – auch etwas Gutes abzugewinnen.
Das Leben hat viele Seiten. Immer gibt es eine schmerzliche und eine freudige Seite der Wirklichkeit, in der wir leben. Ebenso haben wir immer die Wahl, den jeweiligen Augenblick als Grund zum Verdruß oder als Anlaß zur Freude zu erleben. In dieser Wahl liegt unsere Freiheit.

Henri J. M. Nouwen

Gott gibt
tausend Möglichkeiten
des Glücks.
Aber er überläßt uns
die Freude, sie zu entdecken,
und gewährt uns die Freiheit,
davon Gebrauch zu machen.

Charles de Foucauld

Die Quelle des Glücks
liegt im Herzen,
nicht im Besitz,
sondern in der Entdeckung
der Sinnhaftigkeit
unserer Existenz
und in der Gemeinschaft
mit dem Absoluten.

Jean Daniélou

Das Glück

ist keine einfache Sache.

Schwierig:

es in uns zu finden.

Unmöglich:

es anderswo zu finden.

Nicolas de Chamfort

Zwei Dinge sind schädlich
für jeden,
der die Stufen des Glücks
will ersteigen:
schweigen,
wenn Zeit ist zu reden,
und reden,
wenn Zeit ist zu schweigen.

Friedrich von Bodenstedt

Es gibt kein Glück,
das der inneren Stille
gleichkäme.

Simone Weil

Auf keinerlei Weise
vermag man einem Herzen
Glück zu bereiten,
das nicht schon
dessen erste Quelle
in sich hat.

Arturo Graf

Ich bin
der glücklichste Mensch,
der mir je begegnet ist.

Arthur Rubinstein

Wer das Feld seines Glücks
verbreitern will,
muß den Grund seines Herzens
eben machen.

Aus China

Wer sich selbst nichts gönnt,
wem kann der Gutes tun?
Er wird seinem eigenen Glück
nicht begegnen.

Aus dem Buch Jesus Sirach

Leben –
einzeln und frei
wie ein Baum –
und geschwisterlich
wie ein Wald:
das ist unsere Sehnsucht,
das ist Glück.

Nazim Hikmet

Glück, das wir für uns allein suchen, ist nirgends zu finden. Denn ein Glück, das sich verringert, wenn wir es mit anderen teilen, ist nicht groß genug, um uns glücklich zu machen.

Thomas Merton

Wer sich

über anderer Glück freut,

dem blüht sein eigenes.

Sprichwort

Als der Krieg zwischen zwei Nachbarvölkern unvermeidlich geworden war, schickten die Feldherrn beider Seiten Späher aus, um zu erkunden, wo man am leichtesten ins feindliche Land einfallen könnte. Die Kundschafter kehrten zurück und berichteten auf beiden Seiten dasselbe: „Es gibt nur eine geeignete Stelle. Dort aber“, so sagten sie, „wohnt ein braver kleiner Bauer in einem kleinen Haus mit seiner anmutigen Frau. Sie haben einander lieb, und es heißt, sie seien die glücklichsten Menschen auf der Welt. Sie haben ein Kind. Wenn wir nun über sein Grundstück marschieren, dann zerstören wir das Glück.“
Das sahen die Feldherren ein, und der Krieg unterblieb, wie jeder Mensch begreifen wird.

Chinesisches Märchen

Niemand
hat das Recht,
allein glücklich zu sein.

Raoul Follereau

Ein junges Paar kam zu uns. Die beiden gaben mir viel Geld, mit dem wir Essen für die Armen kaufen sollten. Ich fragte sie: „Woher habt ihr soviel Geld?“ Sie antworteten: „Vorgestern haben wir geheiratet. Vor der Hochzeit haben wir beschlossen, keine Hochzeitsgewänder zu kaufen, auf ein Fest zu verzichten und das Geld Ihnen zu geben.“

Ich weiß, was das für eine hinduistische Familie bedeutet. So fragte ich sie: „Aber warum habt Ihr das getan?“ Sie sagten: „Wir lieben einander so sehr, daß wir dieses Glück mit den Menschen teilen wollten, denen Ihre Schwestern dienen. Und wir haben die Freude der Liebe erfahren.“

Mutter Teresa

Mach die glücklich,
die nahe sind,
und die weit Entfernten
werden kommen.

Konfuzianische Weisheit

Die Welt ist voll von Unzufriedenen, weil die Menschen die Quelle ihres Glücks nicht gefunden haben.

Die Sterne leuchten am Himmel, weil sie in Bewegung sind; die Erde hat Bestand, weil sie sich dreht und um die Sonne kreist: Bewegung ist das Leben des Universums.

Der Mensch ist ganz und gar glücklich, wenn er die Liebe entzündet und lebendig erhält: Die Liebe ist der Motor des Lebens.

Chiara Lubich

Vorsicht

ist eine Einstellung,

die das Leben sicher macht,

aber selten glücklich.

Samuel Johnson

Wirklich glücklich

wird nur,

wer das Risiko der Liebe bejaht.

Frère Roger

Das höchste Glück im Leben
ist die Gewißheit,
geliebt zu sein –
so, wie wir sind,
oder besser:
obwohl wir so sind.

Victor Hugo

Glück ist Liebe,
nichts anderes.
Wer lieben kann,
ist glücklich.

Hermann Hesse

Das Glück
gleicht dem Schatten,
der uns unmerklich folgt.
Es ist eine Art Echo
auf das, was wir geben.

Unbekannt

Das Glück
ist ein wunderbarer Handel:
Je mehr man von ihm gibt,
desto mehr hat man von ihm.

Blaise Pascal

Glück

ist ein Duft,

den niemand verströmen kann,

ohne selbst

eine Brise abzubekommen.

Ralph W. Emerson

Dies bedeutet Glück,
das Glück schlechthin:
zu lieben und zu spüren:
Ich bin geliebt.

Chiara Lubich

Das wahre Glück
liegt nicht in dem,
was man empfängt,
sondern in dem,
was man gibt.

Johannes Chrysostomus

Wer Freude genießen will,
muß sie teilen.
Das Glück wurde
als Zwilling geboren.

Lord George G. Byron

Bevor Sie sich
auf die Suche
nach dem Glück machen,
müssen Sie sich erkundigen,
ob jemand es verloren hat.

Zarko Petan

Es gibt nur eine Art,
um glücklich zu sein:
für die andern leben.

Leo Tolstoj

Das wahre Glück
ist die Genügsamkeit.

Johann Wolfgang von Goethe

Glück fängt an,
wo Habsucht endet.

Aus Ungarn

Verachtung des Ehrgeizes
ist eins der Prinzipien
irdischen Glücks.

Edgar Allan Poe

Das Glück ist nicht kompliziert, es besteht nicht aus großen, seltenen Dingen, die man lange suchen muß.
Kleine Dinge machen es aus: innerer Friede, der in den unausweichlichen Prüfungen des Lebens bewahrt wird; Freundschaft mit Gott, die Enttäuschungen und Verrat der Menschen zu entschädigen vermag; Fähigkeit, die eigenen Wünsche zähmen zu können.

Ein Eremit

Glück ist Einfachheit.
Die meisten Menschen
sind so wenig glücklich,
weil ihr Leben
zu kompliziert ist.

Rudolf von Delius

Immer, wenn ich
mitten im Alltag innehalte
und gewahr werde,
wieviel mir geschenkt ist,
werden die zahllosen
Selbstverständlichkeiten
zu einer Quelle des Glücks.

Émile Flaubert

Glück?

Einklang mit sich selbst!

Luis Buñuel

Glück ist letzten Endes
ein Indikator der Stufen
der Selbstverwirklichung.

Carl Friedrich von Weizsäcker

Glücklich sein heißt,
ohne Schrecken
seiner selbst innewerden
zu können.

Walter Benjamin

Glück

ist wie ein Maßanzug.

Unglücklich

sind meistens die,

die den Maßanzug

eines anderen

tragen möchten.

Karl Böhm

Um glücklich zu sein,
sei arm vor Gott.
Sei dir deiner menschlichen
Armut bewußt,
wisse um deine Bedürftigkeit.
Verwechsle nie das, was du bist,
mit dem, was du hast.
Sei offen und sanft,
widersetze dich nicht der Natur,
leide unter dem Leid der Welt.

Prosper Monier

Glücklich ist,
wer seine Wünsche
in das rechte Verhältnis
zu seinen Mitteln
zu bringen vermag.

Johann H. Pestalozzi

Glück ist das sichere Gespür
für den richtigen Augenblick
und die Fähigkeit,
ihn zu nutzen.

Samuel Goldwyn

Es gibt etwas,
was man
an einem einzigen Ort der Welt
finden kann.
Es ist ein großer Schatz,
man kann ihn
die Erfüllung des Daseins
nennen.
Und der Ort,
an dem dieser Schatz
zu finden ist,
ist der Ort, wo man steht.

Martin Buber

Mach die Nacht zur Nacht,
den Tag zum Tag,
und du lebst glücklich.

Spanische Weisheit

Ein erfahrener Mönch ward gefragt: „Viel beschäftigt bist du, doch allzeit gesammelt. Was ist dein Geheimnis?" Dieser antwortete:
„Wenn ich stehe, dann stehe ich.
Wenn ich gehe, dann gehe ich.
Wenn ich sitze, dann sitze ich.
Wenn ich esse, dann esse ich.
Wenn ich spreche, dann spreche ich."
Da fielen ihm die Fragesteller ins Wort und sagten: „Das gleiche tun auch wir. Wie kommt es, daß du glücklich bist in all dem, wir aber nicht?"
Er antwortete: „Vielleicht ist dies der Grund:
Wenn ihr steht, dann geht ihr schon.
Wenn ihr geht, dann lauft ihr schon.
Wenn ihr lauft, dann seid ihr schon am Ziel."

Nach einer Zen-Überlieferung

Immer glücklich,
nie zufrieden!
Begnügen wir uns nie
mit dem Erreichten,
und bewahren wir
dennoch die Freude!

Prosper Monier

Wirklich glücklich ist,
wer jeden Tag sagen kann:
Heute habe ich gelebt.

Horaz

Das Geheimnis des Glücks
besteht nicht darin,
immer zu tun,
was man will,
sondern immer zu wollen,
was man tut.

Leo Tolstoj

Es ist schön,
mit den kleinen Dingen
glücklich zu sein!

Jeremias Gotthelf

Ganz zufällig in einer Schachtel
einen handgeschriebenen Brief
von einem alten Freund finden:
Ist das vielleicht nicht Glück?

Chin Shengt'an

Nicht in der großen Zahl
liegt das Geheimnis,
Freude zu entdecken.
Was ein Mensch sucht,
kann er
in einer einzigen Rose
finden.

Antoine de Saint-Exupéry

Glücklich der Mensch,
der über sich selbst
lachen kann;
er wird immer etwas haben,
das ihn belustigt.

Anton L. Balling

Glück ist nicht in einem
ewig lachenden Himmel
zu suchen,
sondern in ganz feinen
Kleinigkeiten,
aus denen wir unser Leben
zurechtzimmern.

Carmen Sylva

Ein ganzes Leben
habe ich gebraucht,
um dies zu begreifen:
Das Glück
liegt in den stillen Dingen,
nicht in den Gipfeln der Ekstase.

Anaïs Nin

Glücklicher Vorgang:
Das Kind kommt gelaufen:
„Mutter, binde mir die Schürze!“
Die Schürze wird gebunden.

Bertolt Brecht

Wie oft habe ich
das kleine Glück verloren
auf der Suche
nach dem großen!

John Henry Newman

Glück empfindest du
in jedem Augenblick,
in dem dir
für diesen Augenblick
nichts mehr fehlt.
Und so kann es
ein Glas Wasser sein
oder der Moment
einer Begegnung,
die dich den ganzen Himmel
spüren läßt.

Liz C. Miller

Sehr deutlich habe ich erfahren, daß sich die Freude nicht in den Dingen findet, die uns umgeben. Sie findet sich im Innersten der Seele, und man kann sie genausogut in einem Gefängnis wie in einem Palast besitzen.
Glücklich war ich von dem Moment an, als ich anfing, mich selbst zu vergessen, um andere glücklich zu machen.
Nicht immer habe ich so gehandelt. Doch seitdem ich nicht mehr mich selbst suche, führe ich das glücklichste Leben, das man sich denken kann.

Therese von Lisieux

Ein Augenblick
des Glücks
wiegt Jahrtausende
des Nachruhms auf.

Friedrich der Große

Das Glück ist ein Mosaikbild,
das aus lauter unscheinbaren
kleinen Freuden
zusammengesetzt ist.

Daniel Spitzer

Die Kunst, glücklich zu sein, welche ich im Auge habe, würde auch Ratschläge für den Umgang mit schlechtem Wetter geben.
Im Augenblick, da ich dies schreibe, regnet es; die Tropfen trommeln aufs Dach; hundert Rinnsale murmeln; die Luft wird gleichsam gewaschen und gefiltert; die Wolken ähneln riesigen Aufnehmern. Man muß diese Schönheiten sehen lernen.

Alain

Für einen Augenblick nur riß
das wolkenverhangene Grau auf
und gewährte
einen flüchtigen Blick
in die Weite des blauen Himmels:
Ja, die Sonne scheint,
auch wenn sie sich verbirgt.
Ein Sinnbild des Glücks?

Émile Flaubert

Ich glaube,
das vollkommene Glück
kennt man erst,
wenn man äußersten Schmerz
erlebt hat.

Elizabeth Taylor

Alles schien verloren,
du aber warst da.
Von Glück zu sprechen
verbot der Schmerz.
Und doch war's näher
als in „glücklichen Tagen".

Regina Weichselbaum

Am tragischsten
ist nicht der Verlust des Lebens,
sondern der des Glücks.

Henry de Montherlant

Wer glücklich werden will,
verschaffe sich, was Dauer hat,
was kein Schicksalssturm
ihm rauben kann.

Augustinus

Wir sind nicht zum kleinen Glück zu zweit, zu dritt oder zu viert berufen, sondern zum ganzen Glück. Nur wenn ich zu dem berufen bin, der allein das Leben und allein das ganze Glück ist, also zur ganzen Liebe, bin ich überhaupt in der Lage, einem anderen Menschen gerecht zu werden.

Klaus Hemmerle

Weit notwendiger als Glück
ist es für den Menschen,
zu wissen und jeden Augenblick
daran zu glauben,
daß es irgendwo
ein vollkommenes
und ruhiges Glück gibt ...
für alle und für jeden.

Fjodor M. Dostojewskij

Du bist mein Herr,
mein ganzes Glück
bist du allein.

Psalm 16,2

Glücklichsein ist eine Kunst,
wie man seit je weiß.
Wer ein Glücksrezept verlangt,
ähnelt einem Mann,
der ein Dichtrezept will.

Ludwig Marcuse

Die Deutsche Bibliothek –
CIP-Einheitsaufnahme

Glück braucht offene Türen :
hundert Worte über das Glück /
hrsg. von Wilhelm Mühs.
- 1. Aufl. - München ; Zürich ; Wien :
Verl. Neue Stadt, 1997
(Aus der Reihe Hundert Worte)
ISBN 3-87996-369-X

1. Aufl. 1997

Umschlagabbildung: Claude Monet,
Bouquets de soleils (Ausschnitt)
Gestaltung und Satz: Neue-Stadt-Graphik
Druck: MZ-Verlagsdruckerei, Memmingen
ISBN 3-87996-369-X

In der gleichen Reihe sind erschienen:

Wo Liebe sich freut, ist ein Fest
Hundert Worte über die Liebe
Herausgegeben von Gabriele Hartl
ISBN 3-87996-358-4

Freunde weiten das Herz
Hundert Worte über die Freundschaft
Herausgegeben von Stefan Liesenfeld
ISBN 3-87996-357-6

Schweigen hat seine Zeit
Hundert Worte über das Schweigen
Herausgegeben von Gabriele Hartl
ISBN 3-87996-372-X

Je 112 Seiten, gebunden,
mit Lesezeichen

VERLAG NEUE STADT
MÜNCHEN · ZÜRICH · WIEN